PONS

Schriften auf einen Blick

Arabisch

Das arabische Alphabet besteht aus 28 Buchstaben. Arabisch wird von rechts nach links geschrieben. In Spalte 1 und 2 der folgenden Tabelle finden Sie den deutschen bzw. arabischen Namen des Buchstaben. Die Spalten 3-6 zeigen Ihnen, wie der Buchstabe je nach Stellung im Wort aussieht (Erläuterungen siehe **Schreibtipps**). Der Lautwert (Spalte 7) gibt die Aussprache des Buchstaben wieder. Diese wird in der letzten Spalte anhand eines Beispiels oder einer Erklärung verdeutlicht.

1 Name	2 arabischer Name	3 allein stehend	4 am Wortanfang	5 in der Wortmitte	6 am Wortende	7 Lautwert	8 Beispiel
alif	ألف	ا	-	-	ـا	[ɑ:]	langes, offenes *a*, wie in K**a**hn
ba	باء	ب	بـ	ـبـ	ـب	[b]	wie in **B**ohne
ta	تاء	ت	تـ	ـتـ	ـت	[t]	wie in **T**eller
tha	ثاء	ث	ثـ	ـثـ	ـث	[θ]	stimmloses engl. *th*, wie in **th**ing
djim	جيم	ج	جـ	ـجـ	ـج	[ʤ]	wie in engl. **j**ournalist
ḥa	حاء	ح	حـ	ـحـ	ـح	[ħ]	stimmloser Reibelaut, im Hals gesprochen, tiefer als dt. *ch* [x]
cha	خاء	خ	خـ	ـخـ	ـخ	[x]	rauhes dt. *ch*, wie in Ba**ch**
dal	دال	د	-	-	ـد	[d]	wie in **D**orf
dhal	ذال	ذ	-	-	ـذ	[ð]	stimmhaftes engl. *th*, wie in **th**is
ra	راء	ر	-	-	ـر	[r]	gerolltes Zungenspitzen-*r*
zaj	زاي	ز	-	-	ـز	[z]	weiches, stimmhaftes *s*, wie in le**s**en
sin	سين	س	سـ	ـسـ	ـس	[s]	stimmloses *s*, wie in rei**ß**en, la**ss**en
schin	شين	ش	شـ	ـشـ	ـش	[ʃ]	wie in **sch**ön
ṣad	صاد	ص	صـ	ـصـ	ـص	[s̴]	emphatisches velarisiertes [s], durch Pressen der Zunge an den Gaumen
ḍad	ضاد	ض	ضـ	ـضـ	ـض	[d̴]	emphatisches velarisiertes [d], durch Pressen der Zunge an den vorderen Gaumen
ṭa	طاء	ط	طـ	ـطـ	ـط	[t̴]	emphatisches velarisiertes [t], durch Pressen der Zunge an den Gaumen
ẓa	ظاء	ظ	ظـ	ـظـ	ـظ	[ð̴]	emphatisches velarisiertes [ð], durch Pressen der Zungenspitze an den vorderen Gaumen
ʿain	عين	ع	عـ	ـعـ	ـع	[ʕ]	stimmhafte Entsprechung von [ħ], wie ein aus der Kehle hervorgepresstes *a*
ġhain	غين	غ	غـ	ـغـ	ـغ	[ɣ]	wie ein ungerolltes Gaumenzäpfchen-*r*, z.B. in **w**aren

Auslassung der Zusatzzeichen

Im Arabischen fungieren die Zeichen *fatha, kasra, ḍamma* (Vokalzeichen), *tanwin, schadda und sukun* als sog. orthographische Hilfszeichen, die die Lesbarkeit eines Textes erleichtern sollen.

In der Regel werden sie jedoch nur im Koran, in Gedichten und in Lehrbüchern verwendet. In Zeitungen, Büchern, Briefen etc. entfallen sie, es werden darin also nur Konsonanten und lange Vokale wiedergegeben.

In diesem Gedicht über den Frühling sind alle orthographischen Hilfszeichen gesetzt.

أَتاكَ الرَّبيعُ الطَّلقُ يَختالُ ضاحِكاً مِنَ الحُسنِ حَتّى كادَ أَن يَتَكَلَّما
وَقَد نَبَّهَ النَّيروزُ في غَسَقِ الدُّجى أَوائِلَ وَردٍ كُنَّ بِالأَمسِ نُوَّما

Hier das gleiche Gedicht ohne orthographische Hilfszeichen. Über dem ersten Buchstaben *alif* steht nun beispielsweise nur noch *hamza*. Das Vokalzeichen *fatha* entfällt.

أتاك الربيع الطلق يختال ضاحكا من الحسن حتى كاد أن يتكلم
وقدنبه النيروز في غسق الدجى أوائل وردكن بالأمس نوم

Der heitere Frühling, der stolz erstrahlt und voller Schönheit zu dir spricht, möge dich berühren. Und wahrlich, das neue Jahr hat die Rosen wachgeküsst, die gestern noch schliefen.

Geschichtlicher Hintergrund

Arabisch gehört neben Hebräisch, Amharisch und anderen afroasiatischen Sprachen zur semitischen Sprachgruppe.

Die arabische Schrift entwickelte sich aus dem nabatäischen Aramäisch. Der älteste archäologische Fund, der eine Inschrift in arabischer Sprache und nabatäischer Schrift trägt, ist ein Grabstein aus der syrischen Wüste. Er wird auf das Jahr 328 n.Chr. datiert. Spätere Funde aus dem 6. Jhd. n.Chr. weisen bereits Unterschiede zur nabatäischen Schrift auf.

Ursprünglich war Arabisch jedoch vor allem eine gesprochene Sprache. Das prä-islamische Arabien ist als *Al-Djahilija* (Unkenntnis) bekannt, und die dort lebenden Menschen wurden *Al-Ummijun* genannt (die, die weder lesen noch schreiben konnten).
Diese Zeit ist jedoch berühmt für ihre Dichter. Poeten wie Imre ul Qejs und Antara Ibn Schaddad trugen Gedichte auf dem Ukaz-Marktplatz in Mekka und an anderen wichtigen Versammlungsorten der arabischen Halbinsel vor. Auf diese Art wurden sie von Generation zu Generation mündlich weitergegeben. Bis heute sind Gedichte (jetzt in schriftlicher Form) ein wichtiger Bezugspunkt des Arabischen.

Zu einer Schriftsprache entwickelte sich Arabisch ab 622 n.Chr. mit der Verbreitung des Islam durch den Propheten Mohammed.
Der *Qur'an*, der heilige Text des Islam, wurde in arabischer Sprache niedergeschrieben. Er stellt das erste große schriftliche Dokument des Arabischen dar und wurde neben der Lyrik zur wichtigsten Quelle für die geschriebene und gesprochene Sprache. So diente der Koran beispielsweise arabischen Grammatikern des Mittelalters als Grundlage für die Standardisierung des Klassischen Arabisch.

Die Werke islamischer Gelehrter, unter ihnen die der beiden großen Aristoteliker der islamischen Philosophie, Avicenna (gest. 1037) und Averoes (gest. 1198), waren auch für die Wissenschaft des mittelalterlichen Europas von großer Bedeutung. Avicennas medizinische Schriften z.B. besaßen über Jahrhunderte autoritative Geltung. Beide übersetzten die griechische Philosophie ins Arabische. Ihre Werke wurden wiederum ins Lateinische übersetzt. Dieser Prozess des Übersetzens, Interpretierens und Rückübersetzens diente nicht nur dem intellektuellen Austausch zwischen christlicher und islamischer Welt, sondern trug auch maßgeblich zur Entwicklung des Klassischen Arabisch bei.

Arabisch heute

Nach dem lateinischen Alphabet ist das arabische Alphabet das am weitesten verbreitete. Türkisch wurde bis 1929, Suaheli bis ca. 1920 in arabischer Schrift geschrieben. Sprachen, die bis heute das arabische Alphabet verwenden, sind u.a. Persisch (Farsi), Urdu und Haussa.
Arabisch wird heute von ca. 300 Mio. Menschen gesprochen, in 22 Ländern ist Arabisch die offizielle Amtssprache. Das sog. Moderne Hocharabisch stellt als Lingua Franca ein Bindeglied zwischen den zahlreichen arabischen Dialekten der arabischen Halbinsel und Nordafrikas dar, die sich z.T. sehr stark voneinander unterscheiden. Modernes Hocharabisch entwickelte sich aus dem Klassischen Arabisch und ist der Sprache des Koran sehr ähnlich. Es wird in der Literatur und den Medien verwendet.

Sie können mehr Arabisch als Sie denken!

Arabien war im Mittelalter ein wichtiges philosophisches und naturwissenschaftliches Zentrum. Viele Begriffe aus Mathematik, Medizin, Astronomie und Botanik haben ihren Ursprung in der arabischen Sprache. Auch Kaffee, Zucker und verschiedene Gewürze, die ursprünglich aus dem arabischen Raum kamen, haben vor langer Zeit Einzug in unsere Sprache gehalten. Sicherlich erkennen Sie die folgenden Wörter wieder:

al-kimija	الكِيْمِياء	Alchemie
al-gabr	الجَبْر	Algebra
al-iksir	الإكسِيْر	Elixier
kammun	كَمُّون	Kreuzkümmel
qahwa	قَهْوَة	Kaffee
sukkar	سُكَّر	Zucker
laimun	لَيْمُون	Limone

Besonderheiten der arabischen Sprache

Vokale *(Huruf al-Illa)*

Die arabische Schrift ist eine Konsonantenschrift. Die Konsonanten *ja* ي und *waw* و können jedoch je nach ihrer Position im Wort auch die langen Vokale [i:] und [u:] darstellen.
Der lange Vokal [ɑ:] wird durch den Buchstaben *alif* ا zum Ausdruck gebracht:

*suma**ja***	سميا	*Frauenname*

ja ي am Wortende und in manchen Fällen im Wortinnern gibt den langen Vokal [i:] wieder (wie in M**ie**te):

*umm**ii***	أمي	meine Mutter
*ḥab**ii**bi*	حبيبي	Liebling

ja ي am Wortanfang und in manchen Fällen im Wortinnern gibt den Konsonanten [j] wieder (wie in **j**eder).

***j**azraʿu*	يزرع	er pflanzt ein
*su**j**ira*	سير	gefahren werden

waw و am Wortende und in manchen Fällen im Wortinnern gibt den langen Vokal [u:] wieder (wie in H**uh**n):

*kul**uu***	كلو	Esst!
*jaq**u**mu*	يقوم	Er steht auf.

waw و am Wortanfang und in manchen Fällen im Wortinnern gibt den Konsonant [w] wieder (wie in engl. **w**in).

***w**azir*	وزير	Minister
*scha**w**arʿi*	شوارع	Straßen

Vokalzeichen (Vokalisierung)

Die kurzen Vokale [a], [i] und [u] werden im Arabischen durch sog. Vokalzeichen zum Ausdruck gebracht. Sie können auf bzw. unter jeden Buchstaben gesetzt werden, wodurch diesem der entsprechende Vokallaut verliehen wird.

1. *fatha* ـَ steht immer **über** einem Buchstaben und verleiht ihm den Laut [a].
2. *kasra* ـِ steht immer **unter** einem Buchstaben und verleiht ihm den Laut [i].
3. *ḍamma* ـُ steht immer **über** einem Buchstaben und verleiht ihm den Laut [u].

Der Lautwert eines Buchstaben verändert sich somit folgendermaßen:

أَ	[a]	إِ	[i]	أُ	[u]	
بَ	[ba]	بِ	[bi]	بُ	[bu]	
تَ	[ta]	تِ	[ti]	تُ	[tu]	usw.

Hier ein Beispiel für alle drei Vokalzeichen innerhalb eines Wortes:

ʿulima عُلِمَ bekannt

ḍamma steht über dem Buchstaben *ʿain* ع, *kasra* unter *lam* ل und *fatha* über *mim* م.

tanwin (Nunation)

Das Zeichen *tanwin* zeigt die veränderten Kasusendungen unbestimmter Nomen, Adjektive und Adverbien an. *tanwin* wird durch Doppelung der o.g. Vokalzeichen gebildet und verleiht einem Wort den Auslaut [n] des Buchstaben *nun* ن.

1. ـً verleiht einem Buchstaben den Auslaut [an].
2. ـٍ verleiht einem Buchstaben den Auslaut [in].
3. ـٌ verleiht einem Buchstaben den Auslaut [un].

Auch *tanwin* kann auf jeden Buchstaben des Alphabets gesetzt werden, wodurch sich der Lautwert folgendermaßen verändert:

اً	[an]	إٍ	[in]	اٌ	[un]	
بً	[ban]	بٍ	[bin]	بٌ	[bun]	
تً	[tan]	تٍ	[tin]	تٌ	[tun]	usw.

رجلاً	*radjulan*	رجلٍ	*radjulin*	رجلٌ	*radjulun*	ein Mann
إمرأةً	*imra'atan*	إمرأةٍ	*imra'atin*	إمرأةٌ	*imra'atun*	eine Frau

sukun

sukun ـْ wird auf einen Konsonanten gesetzt, wenn auf diesen kein Vokal folgt. *sukun* zeigt also die Abwesenheit der Vokalzeichen (der kurzen Vokale) an.

*mir**w**aḥatun* مِرْوَحَةٌ Ventilator

sukun steht auf *ra* ر, auf das direkt *waw* و folgt.

schadda (Konsonantendoppelung)

Wenn das Zeichen *schadda* ـّ über einem Buchstaben steht, wird dieser verlängert (verdoppelt) ausgesprochen.

*ḥu**bb**un* حُبّ Liebe

schadda steht auf dem Konsonanten *ba* ب am Ende des Wortes und verlängert dessen Aussprache. Eine doppelte Schreibung des Buchstaben ist somit nicht nötig.

hamza

hamza ء ist ein silbenöffnendes Konsonantenzeichen, das wie ein verkleinertes *ʿain* aussieht. Es gibt den Kehlkopfverschlusslaut [ʔ] (festen Stimmabsatz) wieder (wie z.B. in dt. '**a**nkommen oder be'**a**chten). Im Arabischen muss jede Silbe mit einem Konsonanten beginnen. Deshalb wird *hamza* auf bzw. unter Vokale am Wort- und Silbenanfang gesetzt. Da die Positionierung des *hamza* komplizierten Regeln folgt, werden sie im Folgenden nur grob umrissen:

1. Am Wortanfang ist *alif* Träger des *hamza*: إِذَا أُكِل أَمام
2. Vor oder nach einem Buchstaben, auf dem *fatha* steht, ist *alif* Träger des *hamza*: سَأَلَ
3. *ja* ist Träger des *hamza*, wenn *kasra* oder der Konsonant *ja* vorausgehen oder folgen. In beiden Fällen wird *ja* ohne Punkte geschrieben: بَارِئ
4. *waw* ist Träger des *hamza*, wenn *ḍamma* oder der Konsonant *waw* vorausgehen oder folgen: لُؤلؤ
5. In manchen Fällen kann *hamza* auch alleine stehen (z.B. nach einem vokallosen Konsonanten oder einem langen Vokal) und wird dann direkt auf die Schreibzeile gesetzt: جَاء

ta marbuta

Wenn der Buchstabe *ta* ت am Ende eines femininen Wortes steht, wird er *ta marbuta* genannt und verändert sein Aussehen zu ة:

شجرة	*schadjaratun*	Baum
سيارة	*sajaratun*	Auto
طائرة	*ṭairatun*	Flugzeug

1 Name	2 arabischer Name	3 allein stehend	4 am Wortanfang	5 in der Wortmitte	6 am Wortende	7 Lautwert	8 Beispiel
fa	فاء	ف	فـ	ـفـ	ـف	[f]	wie in **f**allen
qaf	قاف	ق	قـ	ـقـ	ـق	[q]	stimmloser Verschlusslaut, im Hals gesprochen, tiefer als dt. *k* [k]
kaf	كاف	ك	كـ	ـكـ	ـك	[k]	wie in **K**ahn
lam	لام	ل	لـ	ـلـ	ـل	[l]	wie in **L**uft
mim	ميم	م	مـ	ـمـ	ـم	[m]	wie in **M**ut
nun	نون	ن	نـ	ـنـ	ـن	[n]	wie in **N**ase
ha	هاء	ه	هـ	ـهـ	ـه	[h]	wie in **H**alle
waw	واو	و	-	-	ـو	[w]	wie in engl. **w**ild, **w**in
ja	ياء	ي	يـ	ـيـ	ـي	[j]	wie in **j**eder

Schreibtipps

Arabisch wird von rechts nach links geschrieben. Es gibt keine Groß- und Kleinschreibung. Die einzelnen Buchstaben innerhalb eines Wortes werden stets miteinander verbunden und verändern je nach ihrer Position im Wort ihr Aussehen (siehe Tabelle), wie im Folgenden am Beispiel des Buchstaben *ʿain* ع verdeutlicht werden soll:

allein stehend	ع	باع	*baʿa*	er verkaufte
am Wortanfang	عـ	علم	*ʿalamun*	Flagge
in der Wortmitte	ـعـ	معلم	*muʿalimun*	Lehrer
am Wortende	ـع	تسمع	*tasmaʿu*	sie hört

Es gibt jedoch sechs Buchstaben, die nur mit einem vorangehenden, nicht aber mit einem nachfolgenden Buchstaben verbunden werden können:

alif	ا	ادم	*adam*	Adam
dal	د	دكان	*dukanun*	Geschäft
dhal	ذ	ذباب	*dhubabun*	Fliege
ra	ر	رسالة	*risalatun*	Brief
zaj	ز	زيت	*zajtun*	Öl
waw	و	وجه	*wadjhun*	Gesicht

Folgt am Ende eines Wortes auf einen dieser sechs Buchstaben ein Buchstabe, der eigentlich zu beiden Seiten verbunden werden kann, wird er in diesem Fall immer in seiner Grundform (allein stehend) dargestellt: سليمان (Salomon)

Dem Buchstaben *nun* ن am Ende des Wortes geht *alif* ا voraus, *nun* erscheint also in seiner Grundform.

Zahlen

	tisʿatun	*thamanijatun*	*sabʿatun*	*sittatun*	*chamsatun*	*arbaʿatun*	*thalathatun*	*ithnani*	*wahidun*	*șifr*
1	٩	٨	٧	٦	٥	٤	٣	٢	١	٠
2	9	8	7	6	5	4	3	2	1	0
3	IX	VIII	VII	VI	V	IV	III	II	I	

Die im Arabischen benutzten Ziffern (Zeile 1) haben ihren Ursprung im Indien des 6./7. Jhd. Arabische Mathematiker führten sie im 10./11. Jhd. in Spanien in etwas abgewandelter Form ein (Zeile 2). Von dort aus gelangten die „arabischen" Ziffern in das restliche Europa und lösten im 15. Jhd. die lateinischen Ziffern (Zeile 3) ab.

Mehrstellige Zahlen werden im Arabischen, anders als die Buchstaben, von links nach rechts geschrieben, z.B.: ٣٧٨ = 378
Im Datum werden die geschlossenen Zahlengruppen jedoch von rechts nach links angeordnet: ٢٠٠٥/١٠/١٩ = 19.10.2005

Schriften auf einen Blick Arabisch

von Abdirashid Adan Mohamud

Internet: www.pons.de · E-Mail: info@pons.de
Redaktion: Anette Dangelmaier
Fotos: Fotosearch RF (Photodisc), Waukesha (Schild); Volkmar E. Janicke, München (Gewürze)
Layout: **beluga**design, Stuttgart; Satz: **Info-Satz** Stuttgart GmbH
Druck: Achilles, Celle

ISBN 3-12-**561232**-2

9 783125 612327

PONS

Arabisch – عربي

Schriften auf einen Blick

I b d f